AF234229

LA

NOUVELLE CHAMBRE.

Exoriare aliquis..... ex ossibus ultor.

IMPRIMERIE D'A. PIHAN DELAFOREST,

rue des Noyers, n° 37.

1827.

Un Homme de trop ;
Un Français aussi au ministère ;
La Censure ;
La Censure.—Des Surveillans ;
La Pairie ;
La Pairie. — Des Pairs viagers ;
Procès de la Pairie ;
Dernier Trait de la Censure ;
Une autre Chambre ;
Un autre Ministre.

En Belgique, en Bavière, dans le Wurtemberg, l'ordre et la paix règnent, parce que la révolution non indigène en ces pays, y fut importée, imposée, et ne s'y était ingérée que dans la forme des lois, sans avoir percé jusqu'au sein des intérêts et des passions.

Mais quand le mécanisme social, ayant été complètement détruit, vient à être rétabli sous un mode mitoyen, comme de bord et d'autre, il y a du mécontentement, des oscillations successives et alternatives doivent avoir lieu.

Les graves changemens qui ont déja été opérés ouvrent un vaste champ aux espérances de tous les partis; et chaque parti, depuis long-temps en état de haine et de défiance contre les autres, restant isolé d'eux, ignore leurs desseins et leurs moyens; restant confiné en lui-même, ignore les sentimens de la masse neutre.

Alors se développe la prédisposition, trop naturelle à notre esprit, de prêter un corps à ses vaines idées, de les revêtir du caractère de la réalité; et, par un étrange quiproquo qui a déja

porté tant de mécomptes, qui causera encore tant
de désastres, l'homme ne distingue plus entre sa
volonté et sa puissance.

Le parti qui tient le pouvoir en use, en abuse
avec une sécurité d'autant plus aveugle que ses
maximes sont plus honorables, car on n'apprend
qu'à la suite de revers réitérés que les principes
moraux, pour atteindre au triomphe, sont as-
treints à respecter les forces matérielles.

Ainsi, en 1816, les royalistes, marchant plus
vite que le Roi, et en 1820 les libéraux devançant
le cours du siècle, amenèrent une révolution os-
cillatoire, dans le sens opposé : laquelle, en ces
deux occasions, fut imprimée du haut du trône,
fut appuyée par la masse neutre dont la force
d'inertie tend toujours à amortir les mouvemens
trop impétueux.

En 1827, le même phénomène se montre de
nouveau, et par bonheur se présente à temps, car
les présages étaient plus menaçans que jamais, attendu que le ministère dirigeait le parti dominant,
avec lequel semblait ainsi se confondre le monarque.

En général, les oscillations du mécanisme so-
cial qui surviennent après une longue ère de per=

turbations, tendent insensiblement à s'adoucir, à s'affaiblir, par la simple raison que le laps du temps, d'une part, efface les souvenirs et abat les espérances, de l'autre, produit des intérêts attenans au nouveau système.

Cette fois pourtant, tous les hommes de sens tremblaient que l'ordre naturel fût interverti, après que le ministre eût si long-temps persisté à gouverner à rebours des choses, à contre-sens des esprits, sans vouloir entendre qu'on soulève l'homme contre ses intérêts même, en contrariant sans cesse ses idées, et qu'on l'assouplît, au contraire, même à l'égard de ses intérêts, en flattant, en ménageant ses idées.

Or, le désastre arrivait si le ministre, en conformité de ses espoirs, avait obtenu une Chambre vassale, car (et rarement l'occasion de malheur se fait attendre) ceux-ci tournaient à l'impatience, ceux-là rentraient dans l'insouciance, tellement que le mouvement fatal se serait propagé comme l'éclair.

Qu'on parle des révolutions de peuple et d'armée; il n'en sort jamais que crimes et ruines. Mais quant aux révolutions de Chambre, en supposant une majorité libérale, il n'y a rien à dire.

On voit venir alors : il y a moyen d'ajourner les risques, d'amener des obstacles, d'acquérir des auxiliaires. La loi n'est pas conclue par un

seul pouvoir, et la force appartient au trône. Surtout cette masse neutre qui peut aussitôt qu'elle
veut, comme elle a tout à perdre et rien à gagner,
se rend opposante.

Une révolution ne s'effectue point en due forme:
celle dont nous sortons fut accomplie sous les
murs de la Bastille, dans les cours de Versailles,
et ne laissa à l'Assemblée constituante que la
charge d'en proclamer les résultats.

Une révolution n'a lieu qu'à l'improviste, à
l'insu et souvent en dépit du plus grand nombre
des acteurs. C'est un entraînement subit qui égare;
c'est un tourbillon violent qui emporte : le temps
manque à la raison, et le pouvoir à la volonté.
Tout est consommé avant qu'on s'en doute, afin
qu'on s'en étonne, qu'on s'en afflige

Son image est rendue par ces émeutes, où, autour de quelques polissons, s'amasse une foule de
badauds, puis une tourbe de furieux.

Une Chambre servile, un cabinet hostile, dont
l'étroite alliance dominait inévitablement la couronne, aggravaient de plus en plus les périls.

Le respect qui est gardé au trône s'épuisait, se
consumait enfin à la suite de tant de rapports
avec eux; et la haine qui leur était portée rejail-

lissait, par l'effet de tant de manœuvres, sur le trône même.

Toute puissance d'emprunt, qui soulève une somme supérieure de résistances, travaille au dé‑triment de la force de nature; tout appui qui se soutient à peine, tourne en un poids et entraîne dans sa chute.

La couronne est stable d'elle-même, n'est ébranlée que par ses agens : qu'elle se tienne, non pas à l'écart, mais à part; qu'elle ne se laisse jamais entremettre dans les actes, ni compromet‑tre avec les personnes.

Et que les tribunes aient leurs débats, que les ministres aient leur lutte, que les opinions aient leur cours : c'est de cela même que ressort son inviolabilité; c'est à cela même que tient son état de quiétude.

Là-bas sur ce coin de terre, tandis que les pouvoirs légaux ou moraux combattent entre eux et triomphent tour à tour, à peine le bruit s'en élève jusqu'aux pieds du trône.

Il y a le Roi et la loi; le Roi qui tient à la loi par amour pour son œuvre, par respect à ses ser‑mens; la loi qui maintient le Roi, malgré ses mi‑nistres, qui le soutient contre les factions.

Le Roi, la loi, forment un être indivisible; on ne sert le Roi qu'en suivant la loi; on ne suit la loi qu'en servant le Roi.

Or, sous de tels termes, nous sommes tous Français : ceux-ci qui descendent du Roi devers la loi, ceux-là qui remontent de la loi jusqu'au Roi ; les uns et les autres qui craignaient si récemment encore de perdre, ou ce monarque restitué par un miracle, ou cette Charte émanée de la nécessité.

Les royalistes ont agi comme ils devaient, aussi bien qu'ils pouvaient.

Jamais une question ne fut plus simple.

L'État était en péril : il y avait incompatibilité entre l'opposition et le ministère ; la cure radicale de l'être social dépendait de l'extirpation de l'un ou de l'autre.

Et la faculté d'option n'existait pas : le problême ne comportait qu'une solution.

L'opposition, allant droit au fait, proposait l'extirpation du ministère, et se chargeait de l'opération à ses frais et risques.

Tandis que le ministère se bornait à pérorer, prétendant que tout le mal venait de l'opposition, et tentant seulement de lui couper la langue, mais non pas de lui arracher le cœur.

Car il n'avait pas la ressource d'extirper du sol

de la patrie cette opposition à double rang, cette nation presque unanime.

Sans doute, l'État pouvait être jeté d'un écueil sur l'autre, pouvait même tomber de Carybde en Scylla.

Mais l'avenir est couvert d'un voile impénétrable : souvent ce qui semble bien tourne à mal, et ce qui semble mal mène au bien.

Il ne s'agissait point de l'avenir, du vague de nos futures destinées ; le présent seul était en scène, menaçant de perdre l'État à jamais.

La société n'est nullement pourvue des moyens de se disposer un avenir tel qu'il sourit à ses vœux ; sa puissance est bornée à se garantir un avenir, tel que le comportent les temps.

Et la condition indispensable, pour atteindre à cet avenir, est de traverser le présent, de franchir, sain et sauf, l'intervalle de temps qui s'écoule entre eux, qui les rattache l'un à l'autre.

Or, ici c'était le ministre qui se hâtait, prêt à précipiter la monarchie dans la tombe profondément creusée ; là c'était la révolution, peut-être, si tant est qu'elle puisse jamais s'installer au pouvoir qui, tout au plus se préparait à ouvrir la fosse.

Comment hésiter ?

*

Dans cet état de choses, le ministre n'osant trancher la question par un coup d'état, s'imagine de faire dénouer le nœud par l'opposition nationale, idée bisarre et neuve encore.

Il débute par la censure, à l'instar des toréadores qui, au moment de livrer le combat à outrance, s'efforcent à mettre en furie l'animal.

Puis il s'écrie : Chers amis, assurez-moi ma place, seulement pour sept ans, et tenez-vous en paix, en joie, car vous aurez aussitôt la loi d'aînesse, la loi sur la presse, la censure à demeure.

Voilà des électeurs bien alléchés.

Il ne manque plus que de leur ravir les moyens de s'entendre entre eux et de presser vivement les opérations, afin que, ne sachant où donner de la tête, ils tombent dans le panneau.

Le coup est mortel pour les royalistes qui sont dans l'isolement, qui n'ont d'autre point de ralliement que le trône.

Entre eux, les relations sont moins intimes, moins fréquentes ; parmi eux, il y a plus d'indépendance, plus de rivalités. Le faisceau perd toute sa force si des liens ne le serrent.

Il ne s'est pas même formé un comité central pour les royalistes, car l'homme appelé à le présider a cru devoir se tenir à l'écart, sans doute

pour apporter la réfutation de ces hideuses sugges-
tions qui représentent la nation entière comme
entraînée à sa suite.

De là, il n'y a moyen de dénombrer leurs rangs,
de les présenter en ligne et d'offrir des transac-
tions, d'obtenir des concessions mutuelles.

De là, il leur faut se jeter sur les premiers venus, s'attacher aux candidats libéraux et délais-
ser des amis, dans la crainte de servir l'ennemi
commun.

Le plan du ministre était d'empêcher qu'il y eût
de l'union dans chaque parti, des alliances entre
les partis. Il a bien réussi, au moins quant aux
royalistes.

Seulement, le trône y a perdu cinquante fidèles,
tandis qu'il n'a gagné lui-même, ni quant au
nombre, ni surtout quant au caractère de ses ad-
versaires.

Ne parlons plus du royalisme, naguère puissance imposante, maintenant ombre errante.

Au sein du royaume, il existe une nation orga-
nisée à part, qui marche à ses fins, qui obéit à des
chefs ; il a fallu s'en réjouir.

Le libéralisme formait un corps autour duquel
ont été attirés pendant cette crise, par une force

invincible, les débris, les fragmens épars du roya-lisme.

L'opinion libérale a dicté les choix : et sous le coup de fouet, dans la vivacité de l'action, elle s'est emportée elle-même : car l'exercice de la raison requiert du calme, du temps, au lieu qu'à la minute même, la folie s'émeut et s'anime.

Le ministre, en attaquant sans cesse les liber-tés publiques, en abusant sans cesse de la préro-gative royale, est parvenu à séparer au moins d'esprit si ce n'est de cœur, les peuples, de leur roi.

Et croit-on que les sujets aliénés, assez nom-breux pour composer une nation, assez voisins pour constituer une nation, se laissent réduire à l'état d'une masse inerte et informe, se laissent retomber au niveau des hordes sauvages.

Non : des habitudes ont été prises dans les mau-vais temps ; des relations se multiplient de jour en jour. Il va se recréer comme une sorte d'être so-cial, lequel à défaut du chef qui lui a été enlevé, n'aspire qu'à se former une tête nouvelle qui le conduise, qui le rallie.

Car la loi est irrévocable : tel nombre d'hom-mes, s'il est mécontent du gouvernement, devient un parti et se donne des guides dont il entend se servir pour ses desseins, des maîtres plutôt qui entendent s'en servir à leur profit.

Et quand ce nombre d'hommes indéfiniment augmenté, vient à se confondre avec la presque totalité des peuples, alors c'est la nation qui devient un parti; c'est la même nation seulement sous un autre chef.

Nous en sommes là : et nous n'en resterons pas là, car il y a dans cette nation métamorphosée pour ainsi dire, une vive tendance au mouvement, une extrême force de ralliement, une obéissance servile au commandement.

C'est une nation libérale qu'a fait le ministre, au lieu de faire ou de laisser faire, ou plutôt de laisser, car elle existait en 1824, une nation royaliste.

Or la Chambre, procréée sous l'influence de ces diverses circonstances, ne représente point le pays en réalité, ne rend point l'expression de l'opinion publique :

Attendu qu'au sein de chaque parti, ou plutôt dans le seul parti qui ait fait corps, les élections ne se sont point opérées avec maturité, et ont été suscitées dans la fougue des passions ;

Attendu qu'entre les royalistes et les libéraux, l'alliance a été forcée de la part des premiers, imposant des sacrifices sans apporter de profits, et que l'union ne s'est point établie de sorte à répartir les élus en proportion des votans ; de sorte à contenir les choix dans un sens mitoyen ;

Attendu qu'à l'égard des royalistes le triomphe du libéralisme, dans les petits colléges, les a induits à favoriser le ministérialisme dans les grands.

Tellement qu'en ce moment même, avec un délai convenable, et mieux encore après le renvoi du ministère, une nouvelle élection éliminerait un tiers des députés actuels.

C'est-à-dire que les ministériels seraient réduits au-dessous de moitié, et les libéraux dépouillés du tiers ou du quart à l'avantage des royalistes, dont le nombre serait plus que doublé.

Ces considérations d'ordre majeur, en montrant quelle est la force et quelles sont les ressources de la royauté, indiquent à la justice que cette Chambre ne doit pas être appelée à prononcer sur les intérêts vitaux du pays, enseignent à la sagesse que cette Chambre doit être le plus tôt possible, reprise dans ses fondemens.

Et le renouvellement par cinquième sera d'autant mieux appliqué à cette œuvre, puisque c'est par l'effet même de son abolition qu'une telle nécessité se fait sentir.

Cependant cette Chambre qui est parce qu'elle est, dont le droit émane du fait seulement, demande à être étudiée sous le point de vue, de l'esprit qui y est apporté ou qui s'y développera, et non pas du titre qui amène ses membres.

Il faut décrire sa statistique morale, plutôt que sa statistique matérielle, parce que, dès leur entrée, les députés seront autres que n'étaient les candidats, et de jour en jour en différeront davantage.

A peine doit-on parler des royalistes : la ligne droite est tracée par eux, devant eux, et les déviations qui menaceraient d'apparaître seront arrêtées, si toute espérance n'est pas trompée, par l'adoption d'une proposition vainement réitérée.

Quant aux libéraux, il importe de les comprendre enfin ; car, ainsi qu'on l'a vu dans quelques élections, la peur d'un péril imaginaire fait rétrograder devers l'abîme.

Voici leurs vœux, leurs plans :

« La couronne comme elle est, inviolable, impeccable ; les ministres comme ils ne sont pas, comptables, responsables, punissables.

« En outre, un mode mitoyen d'élections, moins de faveur pour la noblesse, moins de vague quant à l'autorité ecclésiastique, moins d'inimitié entre les pouvoirs administratif et judiciaire, moins de minuties et de lézineries à l'égard de l'armée, moins d'incurie et d'impéritie en politique, moins d'arbitraire par dessus tout. »

Et ces termes ne sont pas irrévocables. On peut discuter, modifier, se concilier, surtout depuis qu'ils ont été saisis par la crainte d'une subversion générale, surtout quand ils seront délivrés de celui qui provoque tant de haines.

Qu'on ne tremble plus.

Un tiers de députés libéraux ne produira que cet effet salutaire, de contenir un ministère quelconque dans les voies loyales, sous des limites fixes, et de lui garantir, en réprimant ses écarts, une existence prolongée.

La majorité en députés libéraux rentrerait d'elle-même à l'état de minorité, par la retraite d'un certain nombre de personnes enrolées dans leurs rangs, sous le coup menaçant des circonstances, et bientôt détachées à la vue des périls de la monarchie.

Où sont les ministériels? Cherchons.

Il est trop vrai; tels et tels députés ont été réélus sous les auspices du ministère. Mais ses bons offices leur étaient duement acquis au prix de tant de services; s'il a pu se résoudre à les casser aux gages, du moins il n'était pas capable de les laisser à l'abandon.

Après qu'ils ont éprouvé tant d'anxiétés, après que tant de bassesses leur ont été imposées, comment ne reculeraient-ils pas devant la même perspective? Comment ne tenteraient-ils pas de traiter sous de meilleures garanties, lorsque leur honneur est libéré, et que leur conscience devient disponible.

Il s'agit seulement de passer un nouveau contrat : sera-ce avec l'ancien, avec le vieux cabinet? Faudra - t - il qu'ils s'engagent au moment qu'il faillit?

Non, les gens sont plutôt disposés à se débarrasser de la casaque ministérielle, sont préparés sans doute à se réfugier sous le manteau royal.

Puis, si servile qu'on soit, encore n'est - on pas absolument insensible : quelque pudeur, quelque honte poursuit en croupe; la leçon donnée dans les colléges, trop long-temps esquivée, aura atteint jusqu'au vif. Un certain temps est requis pour abolir de tels stigmates.

Vraiment, il y a du Français encore dans le ministériel; il y a même du royaliste, dont la nuance, jadis éclatante et maintenant noyée sous les plus fausses couleurs, vient de se revivifier au contact de la lumière.

Et, quel Français, quel royaliste n'est pas en haine, en horreur, en épouvante, devers celui qui s'est fait propre la couronne, qui s'est fait étranger au Prince et ennemi des peuples; devers celui qui joue les destinées du royaume contre une chance d'existence, qui rompt les tutélaires liens de la société humaine, qui tranche les racines renaissantes de l'antique dynastie.

On voit maintenant que le chiffre matériel sera demain tout autre qu'aujourd'hui, si bien qu'il n'est permis de le porter que pour mémoire.

Seulement, sous un certain rapport, le chiffre se revêt d'un caractère stable, et se charge d'une démonstration capitale : il devient historique à l'usage des temps futurs.

Tandis que sous la loi du renouvellement par cinquième, il n'était éliminé de la Chambre, chaque année, qu'environ un vingtième de ses membres; dès la première phase du cours de la septennalité, il vient d'en être expulsé près des deux tiers de la majorité ministérielle.

Au lieu d'une altération presque imperceptible, il y a une renovation, une subversion de fond en comble.

Voilà le chiffre solennel, voilà le chiffre d'anathème ; il importait faiblement que des royalistes ou des libéraux se vissent introduits dans la Chambre actuelle ; le point capital consistait en ce que les anciens députés fussent congédiés, fussent remplacés par des nouveaux.

Car ceux-ci ne sont plus des associés d'ambition, des alliés d'entêtement, des auxiliaires d'ineptie , auxquels il était enjoint de se prononcer entre les deux termes d'un dilemme sec, soit en confessant les torts les plus graves, afin de rentrer dans la droite ligne ; soit en persistant dans les voies du mal, plutôt que de se résoudre à un tel aveu.

Ceux-ci sont des êtres intacts, du moins à défaut d'occasion, dont la détermination, aussitôt enlevée, s'opposera, autant par crainte que par honte, à ce qu'ils se rangent sous des bannières à la fois souillées et chancelantes.

Une majorité fraîche et vierge est toujours tentée de se créer un ministère à elle appartenant ; et lorsqu'elle arrive à l'encontre des prévisions, en dépit des résistances du cabinet, trop certaine qu'il ne s'alliera pas loyalement à elle, on ne la verra jamais soutenir, ou plutôt relever sa puissance en dépit de l'opinion publique.

Le chiffre matériel même échappe aux pour-suites, se dérobe aux recherches, ou du moins devient l'objet d'un interminable débat.

Il n'est besoin de l'établir que sous le rapport ministériel, attendu qu'en le soustrayant alors de la somme totale des membres de la Chambre, le résidu sera clair et net.

D'abord les quinze députés de gauche se sont accrus dans une proportion décuple, et la droite, qui possédait environ quatre-vingts députés, en acquiert plus qu'elle n'en perd.

Puis les trois cents députés que supportaient les banquettes du centre, à peine montent à la centaine, triste cohorte trahie en ses rêves, abat-tue dans sa foi, terrifiée à l'aspect des deux ar-mées adverses.

Mais il plaît au ministre, dont cela ne fait pas le compte, de s'imaginer qu'un certain nombre de nouveaux députés, nommés sous son approba-tion, sont ministériels-nés, et vont renforcer la cohorte, mettant ainsi à sa disposition environ un tiers des boules.

C'est un malheur : le ministre a toujours vécu au milieu d'une majorité toute faite, moyennant quoi l'expérience ne lui apprend nullement en quelle manière une majorité se fait.

Voici le secret. Qu'il y ait déja un noyau compact autour duquel de nombreuses adhérences semblent se présenter, en sorte de garantir la création d'une majorité fixe ; aussitôt vous verrez affluer les amateurs, attendu que de ce bord règnent le repos, le profit, l'orgueil peut-être.

La majorité va à la majorité ; de même que les satellites de notre sphère gravitent devers le soleil, apportant à sa puissance native d'autant plus d'étendue et d'intensité.

Quand le ministre n'a pas même le quart des députés, il est insensé de supposer qu'une portion encore plus minime, parmi les nouveaux venus, doive s'y réunir sans autre espoir que de compléter le tiers de la Chambre.

Maintenant, posons les chiffres approximatifs, autant qu'on peut s'y fier, en les prenant sur l'intitulé du sac.

Sous la déduction de vingt-huit élections multiples, la Chambre monte en effectif à   400

Laquelle somme se compose des fractions suivantes :

Libéraux anciens et nouveaux.   150

Royalistes anciens et nouveaux.   100

Ministériels supposés.   50

Ministériels avérés.   100

La balance du compte ministériel fournit une minorité du quart.

Heureusement le compte monarchique s'établit sur des bases diamétralement opposées.

Royalistes certains.   100

Royalistes dits ministériels.   50

Ministériels.   100

Libéraux ainsi dénommés.   50

Libéraux.   100

Ce qui donne pour balance une majorité des trois quarts.

Car on conçoit clairement que les ministériels qui ont délaissé le trône pour se vouer au cabinet, en perdant le cabinet, retourneront au trône.

Comme aussi qu'un certain nombre de libéraux que le cabinet aliénait du trône, se ralliera au trône à la chute du cabinet.

D'où il suit, par un phénomène miraculeux, que la majorité s'élève également à trois cents membres, soit pour la couronne, soit contre le ministre.

D'où il suit que le ministre, en se retirant, lègue à la couronne une majorité des trois quarts, et en se débattant encore n'est soutenu que par une minorité du quart.

Or, se retirera-t-il ? se débattra-t-il ? Demandez plutôt s'il lui reste quelque ombre de sens, quelque scrupule d'honneur, quelque vestige de royalisme.

POST-SCRIPTUM.

Vendredi 7 décembre.

« *Il n'y a rien de nouveau sous le soleil.* Ce qui « se passe est déja arrivé. »

Après ce préambule, la *Gazette* prétend faire la leçon aux Mirabeau, aux Barnave de 1827, quant à l'inconvenance d'une adresse au Roi pour le renvoi de ses ministres, et surtout d'un acte d'accusation contre eux, attendu que ce serait répéter 1789.

Pauvre *Gazette!* est-ce donc que l'adresse au Roi n'a pas été libellée, non pas au nom de la France, mais du fait même de la France, dans les procès-verbaux des grands et petits colléges ; si bien qu'il ne reste d'autre tâche à la Chambre que de l'entériner en due forme.

Pauvre *Gazette!* à l'égard de l'accusation, qu'elle essaie de lire la Charte, qu'elle apprenne à écouter la conscience publique.